NÜTZLICHES CAKE-POP-WISSEN

	SEITE
CAKE-POPS – FIX GEROLLT UND HÜBSCH VERZIERT	04
NOCH FRAGEN? JA!	06
GRUNDREZEPT	08
IMPRESSUM	46
ÜBER DEN TELLERRAND	48
TOTAL SEITENZAHL	49

EINFACHES FÜR EINSTEIGER

	SEITE
SCHNELLE ZITRONENHERZEN	11
SCHNEEBÄLLE	12
EISTÜTEN	15
RICE-KRISPIE-POPS	17
TIRAMISU-POPS	18
PLÄTZCHENLOLLIS	20
TOTAL REZEPTE	6

RUND UMS JAHR
SEITE
OSTERKÜKEN 23
KIRSCH-POPS 24
HALLOWEEN-POPS 26
CHRISTBÄUME 29
RUDOLPH ROTNASE 30
GLÜCKSSCHWEINCHEN 32
TOTAL REZEPTE 6
CAKE-POPS
NEU EINGETROFFEN
SEITE
CHEESECAKE-POPS 35
KRÜMELMONSTER-POPS 36
ASIA-POPS 39
MOZART-POPS 40
CUPCAKE-POPS 42
FLEISSIGE BIENCHEN 44
TOTAL REZEPTE 6

CAKE-POPS –
FIX GEROLLT UND HÜBSCH VERZIERT

1 UND SO GEHT'S Aus einer Grundmasse, die zumeist aus zerkrümeltem Rührkuchen und Frischkäse besteht, formt man tischtennisballgroße Bällchen. Während diese 30 Minuten im Kühlschrank fest werden, kann man schon einmal die Glasur vorbereiten. Als Nächstes einen Stiel ca. 1 cm tief in die Glasur tauchen und sofort in einen Cake-Pop stecken. Die Schokolade wird fest und hält später beim Glasieren die Kuchenkugel sicher am Stiel. Sind alle Bällchen aufgesteckt, die Cake-Pops auf einen Teller setzen und nochmal 15 Minuten kühl stellen. Jetzt alles Weitere herrichten: die Trockenstation, die Deko ... und im Kühlschrank für genügend Platz sorgen!

2 GLASIEREN Bei diesem Schritt ist Schnelligkeit gefragt: Einen Cake-Pop am Stiel fassen, schräg in die Glasur tauchen und durch Drehen vollständig mit Glasur bedecken. Am besten noch einen kleinen Löffel bereithalten, um bei Bedarf noch ein bisschen Glasur auf Lücken zu träufeln. Jetzt den Cake-Pop über der Schüssel drehen und dabei mit dem Stiel vorsichtig auf den Schüsselrand klopfen, um überschüssige Glasur zu entfernen. Sonst gibt's beim Trocknen unschöne Nasen oder die Deko rutscht!

3 DIE DEKO schnell anbringen, solange die Glasur noch feucht ist. Mit einem Zahnstocher kann man verrutschte Teile noch korrigieren. Die Glasur ist doch zu schnell fest geworden? Einfach mit dem Zahnstocher einen Tropfen Glasur als »Klebstoff« auf die Deko tropfen und auf den Cake-Pop drücken. Den Cake-Pop in das vorbereitete Styroporstück oder in die Schachtel stecken, dann die übrigen Pops glasieren und verzieren. Jetzt heißt es nur noch: ab in den Kühlschrank. Fertig ist eine ganze Ladung leckerer Cake-Pops!

4 AUF VORRAT Wer einmal im Cake-Pop-Fieber ist, der kann gar nicht genug davon bekommen. Da ist es praktisch, den Kuchenboden gleich in doppelter oder in dreifacher Menge zuzubereiten. Für eine einfache Portion genügt eine kleine Springform (20 cm Ø). Die doppelte Menge Teig in eine große Springform (26 cm Ø) füllen oder die dreifache Menge Teig auf einem Backblech (30 x 40 cm) verstreichen. Die angegebene Backzeit ändert sich nicht. Am besten trotzdem die Stäbchenprobe (s. S. 13) machen. Gut in Alufolie verpackt, kann man den Kuchen auch einfrieren und ist so stets für spontane Cake-Pop-Gelüste gerüstet.

NOCH FRAGEN? – JA!

WELCHES ZUBEHÖR BRAUCHE ICH?

WOMIT KANN ICH DIE CAKE-POPS ÜBERZIEHEN?

WIE SCHMILZT MAN KUVERTÜRE RICHTIG?

UND WAS EIGNET SICH ALS DEKO?

WIE LANGE KANN MAN DIE FERTIGEN CAKE-POPS AUFHEBEN?

WIE VERPACKE UND SERVIERE ICH DIE CAKE-POPS AM BESTEN?

Damit alle Cake-Pops gleich groß werden, die Kuchenmasse mit einem Eisportionierer, Kaffeelot oder Esslöffel abmessen. Zum Aufstecken gibt es Lollipop-Stiele aus Papier oder Kunststoff in verschiedenen Längen (im Internet zu bestellen). Ganz normale Holzstäbchen (20 cm lang) sind aber viel günstiger und in jedem Supermarkt erhältlich. Hier findet man bei den Partyartikeln auch oft etwas dickere Holzstäbchen, die sich besonders gut eignen. Solange die Glasur noch nicht getrocknet ist, sind die Cake-Pops relativ empfindlich. Deshalb zum Trocknen in ein dickes Stück Styropor oder Blumensteckmasse stecken. Eine (Schuh-)Schachtel tut's aber auch. Dafür in den Deckel kleine Löcher bohren, sodass die Stiele fest sitzen und nicht wackeln.

Am besten schmecken dunkle oder helle Kuvertüre. Für knallige Farben einfach geschmolzene weiße Kuvertüre einfärben. Besonders intensiv färbt flüssige Lebensmittelfarbe (z. B. aus der Apotheke). Pro 150 g Kuvertüre noch 10 g Kokosfett untermischen, dann klumpt die Schokolade nicht. Wer nicht selbst färben möchte, bestellt im Internet farbige Schmelzglasur in Linsenform (Candy Melts). Ihre Konsistenz ist dickflüssiger als die von Kuvertüre, also auch hier Kokosfett zum Verdünnen bereithalten.

Damit die Kuvertüre nicht zu heiß wird und beim Trocknen grau anläuft, zuerst die gesamte Menge hacken. Die Hälfte in eine Schüssel geben und über dem warmen Wasserbad schmelzen lassen. Die Schüssel vom Wasserbad nehmen, den Rest in Portionen unterheben und ebenfalls schmelzen lassen. Die Cake-Pops mit der flüssigen Kuvertüre überziehen. Falls die Kuvertüre beim Verzieren zu fest wird, wieder für ein paar Minuten ins Wasserbad stellen.

Zuckerperlen, Glitzerzucker, Marzipanfigürchen, Streusel, Krokant, Zucker- oder Schokoladendekor wie Blüten, Blätter oder Buchstaben – tolle Deko gibt's im Backregal jedes Supermarkts. Wer Ausgefallenes möchte, z. B. essbare Zuckeraugen, Streusel in Tannenbaum- oder Sternchenform oder essbaren Flitter, sucht im Internet unter dem Stichwort »Tortendeko bestellen«.

Glasierte Cake-Pops sind im Kühlschrank problemlos drei Tage haltbar. Einfrieren sollte man sie aber nicht, denn beim Auftauen leidet die Glasur. Tipp: Fertig aufgesteckte Cake-Pops lassen sich gut auf einem Teller über Nacht im Kühlschrank lagern. Dann nur noch glasieren und verzieren.

Die gekühlten Cake-Pops in eine große (Blech-)Dose legen. Am Boden und zwischen mehreren Lagen mit Küchenpapier auspolstern. Um sie hübsch zu präsentieren, entweder in hohe Gläser stellen oder einen Styroporblock oder Pappkarton mit Geschenkpapier bekleben, Löcher hineinbohren und die Cake-Pops hineinstecken. Zum Verschenken einzelner Cake-Pops ein Zellophantütchen überstülpen und mit einer Schleife zubinden.

wandelbarer Klassiker

GRUNDREZEPT

300 g heller oder dunkler Tortenboden (Fertigprodukt oder selbst gemacht, s. S. 32 und 36)
60 g weiche Butter
70 g Puderzucker
140 g Doppelrahmfrischkäse
1 EL Rum oder einige Tropfen Backaroma (nach Belieben)
150 g Zartbitterkuvertüre
Zuckerdekor

Außerdem:
18 Holzstäbchen

Für 18 Stück | Zubereitung **1 Std.** | Kühlen **45 Min.**
Pro Stück ca. **170 kcal, 3 g EW, 9 g F, 50 g KH**

1 Den Kuchen fein zerkrümeln. Für die Frischkäsecreme Butter, Puderzucker, Frischkäse und Rum mit dem Handrührgerät ca. 3 Min. lang gründlich verrühren. Mit einem Löffel nach und nach so viel Frischkäsecreme unter die Brösel rühren, bis die Masse gut formbar ist. Sie darf aber nicht zu feucht sein und beim Formen nicht an den Händen kleben.

2 Von der Masse 18 Portionen abstechen und rund formen. Die Bällchen 30 Min. kühlen. Inzwischen die Kuvertüre hacken und über dem warmen Wasserbad schmelzen. Die Holzstäbchen nacheinander ca. 1 cm tief in die Kuvertüre tauchen und in die Bällchen stecken. Auf einen Teller setzen und nochmals 15 Min. kühlen.

3 Die Kuvertüre bei Bedarf wieder erwärmen. Einen Cake-Pop leicht schräg eintauchen und durch Drehen mit Kuvertüre überziehen. Überschüssige Kuvertüre durch Klopfen am Schüsselrand abschütteln. Dabei den Cake-Pop drehen, damit sich keine Nasen bilden. Nach Belieben mit Zuckerdekor verzieren und trocknen lassen. Mit den übrigen Cake-Pops ebenso verfahren.

WIE BRINGE ICH FILIGRANE DEKO AM BESTEN AN?

In der Regel klappt das mit den Fingern problemlos. Bei kleinen Dekoteilchen hilft eine Pinzette. Damit lassen sie sich besonders akkurat aufkleben.

EINFACHES

FÜR EINSTEIGER

frisch am besten

SCHNELLE ZITRONENHERZEN

1 Bio-Zitrone ++ 300 g Mehl ++ 4 gestrichene TL Backpulver ++ 250 g Zucker ++ 3 Eier (Größe M) ++ 150 ml neutrales Pflanzenöl ++ 150 ml Zitronenlimonade ++ 125 g Kuchenglasur (Fertigprodukt, z. B. Zitrone) ++ **Außerdem:** Herzausstechform (5 cm Ø) ++ 35 Holzstäbchen

Für 35 Stück | Zubereitung **50 Min.** | Backen **20 Min.** | Kühlen **30 Min.**
Pro Stück ca. **125 kcal, 2 g EW, 6 g F, 16 g KH**

1 Den Backofen auf 175° (Umluft 160°) vorheizen. Ein Backblech mit Backpapier belegen. Die Zitrone heiß abwaschen, trocknen und die Schale abreiben. Zitronenschale, Mehl, Backpulver, Zucker, Eier, Öl und Limonade zusammen in eine Rührschüssel geben. Alles mit dem Handrührgerät in 1 Min. zu einem weichen Teig verrühren. Den Teig auf das Blech streichen und im Ofen (Mitte) in ca. 20 Min. goldgelb backen.

2 Den Kuchen aus dem Ofen nehmen, auf ein Brett stürzen und in ca. 30 Min. auskühlen lassen. Das Papier abziehen. Inzwischen die Kuchenglasur nach Packungsangabe erwärmen.

3 Mit dem Plätzchenausstecher aus dem Kuchen ca. 35 Herzen ausstechen. Die Holzstäbchen nacheinander 2 cm tief in die Glasur tauchen, in die Herzen stecken und 5 Min. trocknen lassen. Lose Krümel von den Herzen entfernen und die Vorder- und Rückseite mit Glasur bestreichen. Die Cake-Pops vollständig trocknen lassen.

gekühlt servieren

SCHNEEBÄLLE

3 Eier (Größe M)
100 g Zucker
100 g Mehl
200 g Sahne
1 Päckchen Sahnesteif
200 g Magerquark
1 EL Puderzucker
1 Päckchen Vanillezucker
50 ml Mandellikör (z. B. Amaretto, ersatzweise Orangen- oder Ananassaft)
75 g Kokosraspel zum Wälzen

Außerdem:
25 Papierförmchen für Muffins

Für 25 Stück | Zubereitung **40 Min.** | Backen **15 Min.** | Kühlen **30 Min.**
Pro Stück ca. **95 kcal, 3 g EW, 5 g F, 9 g KH**

1 Für den Teig den Backofen auf 175° (Umluft 160°) vorheizen. Ein Backblech mit Backpapier belegen. Eier und Zucker mit dem Handrührgerät in 3 Min. hell aufschlagen. Das Mehl auf einmal zugeben und unterheben. Den Teig auf dem Blech verstreichen und im Ofen (Mitte) in ca. 15 Min. goldgelb backen. Herausnehmen und in ca. 30 Min. auskühlen lassen.

2 Für die Creme die Sahne mit Sahnesteif steif schlagen. Quark, Puderzucker, Vanillezucker und Likör glatt rühren. Die Schlagsahne unterheben.

3 Den Kuchen in kleine Stücke zupfen und zur Creme geben. Alles gut vermischen. Von der Masse mit einem Esslöffel 25 Portionen abstechen und rund formen. Die Bällchen in den Kokosraspeln wälzen und in Papierförmchen setzen. Bis zum Servieren kühl stellen.

IST DER KUCHEN FERTIG GEBACKEN?

Das testet man am besten mit einem Holzstäbchen. Damit am Ende der Backzeit in den Kuchen stechen und wieder herausziehen. Haftet kein Teig mehr daran, ist der Kuchen fertig. Diese Garprobe heißt auch »Stäbchenprobe«.

Eis aus der Hand

EISTÜTEN

300 g heller Tortenboden (Fertigprodukt oder selbst gemacht, s. S. 36)
60 g weiche Butter
80 g Puderzucker
160 g Doppelrahmfrischkäse
150 g weiße Kuvertüre
10 g Kokosfett
12 Waffellikörbecher
50 g Zartbitterkuvertüre
bunte Zuckerstreusel

Für 12 Stück | Zubereitung **55 Min.** | Kühlen **45 Min.**
Pro Stück ca. **315 kcal, 4 g EW, 16 g F, 38 g KH**

1 Den Kuchen fein zerkrümeln und in eine große Schüssel geben. Für die Frischkäsecreme Butter, Puderzucker und Frischkäse mit dem Handrührgerät ca. 3 Min. gründlich verrühren.

2 Die Creme in Portionen mit einem Löffel unter die Brösel rühren, bis die Masse gut formbar ist. Von der Masse 12 Portionen abstechen und rund formen. Die Bällchen 30 Min. kühlen.

3 Inzwischen die weiße Kuvertüre hacken und mit dem Kokosfett über dem warmen Wasserbad schmelzen. Den Rand der Waffelbecher in die Kuvertüre tauchen und sofort je einen Cake-Pop daraufsetzen. Nochmals 15 Min. kühlen.

4 Die Zartbitterkuvertüre ebenfalls hacken und schmelzen. Die Cake-Pops nacheinander zuerst in die weiße Kuvertüre tauchen und trocknen lassen. Dann je einen Klecks dunkle Kuvertüre auf die »Eiskugeln« setzen und nach unten verlaufen lassen. Mit Zuckerstreuseln dekorieren.

Kinder-
liebling

RICE-KRISPIE-POPS

MEIN TIPP

Zum Formen der Cake-Pops müssen die Hände unbedingt gut angefeuchtet sein, sonst kleben die Marshmallows zu sehr. Und auch nach dem Abkühlen und Trocknen sind die Rice-Krispie-Pops noch etwas klebrig. Deshalb zum Aufbewahren am besten einzeln in leicht geölte Alufolie wickeln.

10 g Butter
100 g Marshmallows oder Mäusespeck (Schaumzucker, weiß oder rosa)
80 g Rice Krispies (Frühstückscerealien aus Reis, ersatzweise Haferfleks oder Cornflakes)

Außerdem:
20 Holzstäbchen

Für 20 Stück
Zubereitung **20 Min.** | Trocknen **30 Min.**
Pro Stück ca. **35 kcal, 0 g EW, 0 g F, 7 g KH**

1 Die Butter in einem beschichteten Topf erhitzen. Die Marshmallows zugeben und bei mittlerer Hitze unter Rühren zu einer zähflüssigen Masse schmelzen lassen. Vom Herd nehmen und die Krispies unterrühren.

2 Aus der Masse mit angefeuchteten Händen 20 Bällchen formen. Jedes Bällchen auf ein Holzstäbchen spießen und in einen Styroporblock stecken. Fest werden lassen.

Munter-
macher

TIRAMISU-POPS

200 g Löffelbiskuits
200 g Mascarpone
2 EL Quark
1 EL Mandellikör (z. B. Amaretto, ersatzweise Orangensaft)
1 EL Orangensaft
150 g weiße Kuvertüre
10 g Kokosfett
18 Gebäckstäbchen mit Schokolade
80 g Espressobohnen in Zartbitterschokolade (Fertigprodukt)

Außerdem:
18 Papierförmchen für Muffins

Für 18 Stück | Zubereitung **1 Std. 10 Min.** | Kühlen **45 Min.**
Pro Stück ca. **165 kcal, 3 g EW, 10 g F, 16 g KH**

1 Die Löffelbiskuits im Blitzhacker fein zerkrümeln. Alternativ die Biskuits in einen Gefrierbeutel füllen, verschließen und mit dem Nudelholz fein zerdrücken. Mascarpone, Quark, Likör und Saft verrühren. Nach und nach so viel Creme unter die Krümel rühren, bis die Masse formbar ist. Von der Masse 18 Portionen abstechen und rund formen. Die Bällchen 30 Min. kühlen.

2 Währenddessen die Kuvertüre hacken und mit dem Kokosfett über dem warmen Wasserbad schmelzen. Die Gebäckstäbchen 1 cm tief in die Kuvertüre tauchen und in die Bällchen stecken. Nochmals 15 Min. kühlen.

3 Inzwischen die Espressobohnen im Blitzhacker oder mit einem schweren Messer mittelfein hacken. Die gekühlten Cake-Pops nacheinander in die flüssige Kuvertüre tauchen, den Überschuss abklopfen und die Bällchen zur Hälfte mit den Bohnenstückchen verzieren. Die Cake-Pops kopfüber in Papierförmchen setzen und trocknen lassen.

MEIN TAUSCH-TIPP

Statt der Espressobohnen in Schokolade schmecken auch Schoko-Mokkabohnen oder Espressobohnen (ebenfalls fein gehackt). Nach zwei Tagen im Kühlschrank werden die Gebäckstäbchen recht weich, die Cake-Pops also am besten frisch verzehren.

kunter-bunt

PLÄTZCHENLOLLIS

200 g Mehl ++ 60 g Zucker ++ 1 Prise Salz ++ etwas abgeriebene Schale von 1 Bio-Zitrone ++ 1 Ei (Größe S) ++ 100 g kalte Butter ++ 3 verschiedene Lebensmittelfarben
Außerdem: Plätzchenausstechformen (5 cm und 3 cm Ø, z. B. Blumen) ++ 25 Holz-Mundspatel (aus der Apotheke)

Für 25 Stück | Zubereitung **50 Min.** | Kühlen **1 Std.** | Backen **6 Min.**
Pro Stück ca. **70 kcal, 1 g EW, 4 g F, 8 g KH**

1 Mehl, Zucker, Salz und Zitronenschale mischen. Ei und Butter in Flöckchen dazugeben und alles rasch zu einem glatten Teig verkneten. Den Teig in drei Portionen teilen. Jede Portion mit einer Lebensmittelfarbe färben. Die Teige getrennt in Frischhaltefolie wickeln und 1 Std. kühlen.

2 Den Backofen auf 175° (Umluft 150°) vorheizen. Drei Backbleche mit Backpapier belegen. Die Teige getrennt zwischen Frischhaltefolie 3–4 mm dick ausrollen. Mit den Ausstechformen viele große und kleine Blumen oder andere Motive ausstechen. Je ein kleines auf ein großes Plätzchen legen und behutsam andrücken. Die Plätzchen dabei bunt mischen.

3 Die Holzspatel mit Abstand auf den Blechen verteilen. Je ein Plätzchen darauflegen und behutsam andrücken. Im Ofen (Mitte) in 6–8 Min. hell backen. Auf dem Blech abkühlen lassen.

RUND UMS JAHR

süße Frühlings-boten

OSTERKÜKEN

300 g heller Tortenboden (Fertigprodukt oder selbst gemacht, s. S. 36) ++ 1 EL Orangenlikör (ersatzweise Orangensaft) ++ 100 g Doppelrahmfrischkäse ++ 150 g weiße Kuvertüre ++ 10 g Kokosfett ++ einige Tropfen gelbe Lebensmittelfarbe ++ Zuckerherzen, -konfetti und -blüten
Außerdem: 18 Holzstäbchen oder Papier-Lollipop-Stiele

Für 18 Stück | Zubereitung **1 Std. 20 Min.** | Kühlen **45 Min.**
Pro Stück ca. **125 kcal, 2 g EW, 6 g F, 17 g KH**

1 Den Kuchen fein zerkrümeln. Die Krümel mit Likör und nach und nach so viel Frischkäse verrühren, bis die Masse gut formbar ist. Von der Masse 18 Portionen abstechen und rund formen. Die Bällchen 30 Min. kühlen.

2 Inzwischen die Kuvertüre hacken und mit dem Kokosfett über dem warmen Wasserbad schmelzen. Mit der Lebensmittelfarbe gelb einfärben. Die Holzstäbchen 1 cm tief in die gefärbte Kuvertüre tauchen und in die Bällchen stecken. Nochmals 15 Min. kühlen.

3 Einen Cake-Pop in die flüssige Kuvertüre tauchen, den Überschuss abklopfen und sofort mit Zuckerherzen (Schnabel und Frisur), -konfetti (Augen) und -blüten (Hände und Füße) dekorieren. Mit den restlichen Cake-Pops ebenso verfahren. Trocknen lassen.

knackig-fruchtig

KIRSCH-POPS

20 Amarenakirschen (aus dem Glas)
80 g weiche Butter
80 g Mehl
1/2 TL Backpulver
1 gehäufter EL Kakaopulver
60 g Zucker
1 Ei (Größe M)
60 ml Milch
80 g Doppelrahmfrischkäse
30 g grüne Marzipanrohmasse (Fertigprodukt)
150 g weiße Kuvertüre
10 g Kokosfett
einige Tropfen rote Lebensmittelfarbe

Außerdem:
Springform (20 cm Ø)
20 Papier-Lollipop-Stiele oder Holzstäbchen
20 Papierförmchen für Pralinen

Für 20 Stück | Zubereitung **1 Std. 20 Min.** | Backen **20 Min.** | Kühlen **1 Std. 15 Min.**
Pro Stück ca. **135 kcal, 2 g EW, 9 g F, 11 g KH**

1 Die Amarenakirschen in einem Sieb abtropfen lassen, dabei den Sirup auffangen. Den Backofen auf 175° (Umluft 160°) vorheizen. Die Form mit Backpapier auslegen. Butter, Mehl, Backpulver, Kakao, Zucker, Ei und 50 ml Milch mit dem Handrührgerät 1 Min. verrühren. Den Teig in der Form verstreichen und im Ofen (Mitte) ca. 20 Min. backen. In ca. 30 Min. auskühlen lassen.

2 Den Kuchen fein zerkrümeln. Nach und nach 1 EL Amarenakirschsirup, restliche Milch und so viel Frischkäse unterrühren, bis die Masse gut formbar ist. Von der Masse 20 Portionen abstechen und rund formen. Die Bällchen 30 Min. kühlen.

3 Inzwischen das Marzipan 2 mm dick ausrollen und 20 Blätter ausstechen oder -schneiden. Die Kuvertüre hacken und mit dem Kokosfett über dem warmen Wasserbad schmelzen. Dabei die rote Lebensmittelfarbe tropfenweise einrühren.

4 Die Bällchen flach drücken, je 1 Kirsche in die Mitte legen und wieder rund formen. Die Lollipop-Stiele 1 cm tief in die Kuvertüre tauchen und in die Bällchen stecken. Nochmals 15 Min. kühlen.

5 Die Cake-Pops in die Kuvertüre tauchen und den Überschuss abklopfen. Die Kirsch-Pops kopfüber in Pralinenförmchen setzen, mit den Marzipanblättern verzieren und trocknen lassen.

KEIN GRÜNES MARZIPAN GEFUNDEN?

Dann einfach selbst färben. Dafür 30 g Marzipanrohmasse mit 1–2 Tropfen grüner Lebensmittelfarbe verkneten. Für saubere Hände dabei Einmalhandschuhe tragen.

saftig und nussig

HALLOWEEN-POPS

2 Eier (Größe M) ++ 50 g Zucker ++ 100 g gemahlene Haselnüsse ++ 45 g Hartweizengrieß ++ 1 Prise Backpulver ++ 1 Prise Zimt ++ 1 EL Orangensaft ++ 1 EL Whiskey (ersatzweise Orangensaft) ++ 80 g Doppelrahmfrischkäse ++ 150 g weiße Kuvertüre ++ 10 g Kokosfett ++ einige Tropfen orangefarbene Lebensmittelfarbe ++ 18 Pistazienkerne ++ 25 g Zartbitterkuvertüre
Außerdem: Springform (20 cm Ø) ++ 18 Holzstäbchen

Für 18 Stück | Zubereitung **1 Std.** | Backen **30 Min.** | Kühlen **1 Std. 15 Min.**
Pro Stück ca. **150 kcal, 3 g EW, 10 g F, 11 g KH**

1 Den Backofen auf 175° (Umluft 160°) vorheizen. Die Form mit Backpapier auslegen. Eier und Zucker in 5 Min. schaumig rühren. Nüsse, Grieß, Backpulver und Zimt unterheben. Den Teig in der Form verstreichen und im Ofen (Mitte) ca. 30 Min. backen. In ca. 30 Min. auskühlen lassen.

2 Den Kuchen zerkrümeln. Mit Saft, Whiskey und Frischkäse verrühren. Von der Masse 18 Portionen abstechen und rund formen. Die Bällchen 30 Min. kühlen. Inzwischen die weiße Kuvertüre hacken und mit dem Kokosfett schmelzen. Mit Lebensmittelfarbe orange färben. Die Holzstäbchen 1 cm tief in die Kuvertüre tauchen und in die Bällchen stecken. Nochmals 15 Min. kühlen.

3 Die Pops in die Kuvertüre tauchen, Überschuss abklopfen. Je 1 Pistazie aufstecken. Zartbitterkuvertüre schmelzen. In einen Gefrierbeutel füllen, Ecke abschneiden und die Pops verzieren.

CHRIST-BÄUME

250 g Spekulatius (ersatzweise Lebkuchen oder Braune Kuchen)
50 g kandierter Früchtemix
200 g Mascarpone
150 g weiße Kuvertüre
10 g Kokosfett
einige Tropfen grüne Lebensmittelfarbe
Zuckerdekoration (z. B. farbiger Glitzerzucker, Perlen, Sternchen)

Außerdem:
20 Holzstäbchen

Für 20 Stück
Zubereitung **50 Min.** | Kühlen **45 Min.**
Pro Stück ca. **160 kcal, 2 g EW, 10 g F, 15 g KH**

1 Spekulatius und Früchtemix im Blitzhacker mahlen. So viel Mascarpone unter die Krümel rühren, bis die Masse gut formbar ist. Von der Masse 20 Portionen abstechen und rund formen. Die Bällchen 30 Min. kühlen.

2 Inzwischen die Kuvertüre hacken und mit dem Kokosfett über dem warmen Wasserbad schmelzen. Vorsichtig grüne Lebensmittelfarbe unterrühren. Die Kuchenbällchen zu Kegeln formen. Die Holzstäbchen 1 cm tief in die Kuvertüre tauchen und in die Kegel stecken. Nochmals 15 Min. kühlen.

3 Die Cake-Pops nacheinander in die flüssige Kuvertüre tauchen, den Überschuss abklopfen und die Bäumchen mit Zuckerdekoration verzieren.

Santas Begleiter

RUDOLPH ROTNASE

300 g heller Tortenboden (Fertigprodukt oder selbst gemacht, s. S. 36) ++ 1 EL Milch ++ 50 g saure Sahne ++ 30 Salzgebäckbrezeln ++ 150 g Zartbitterkuvertüre ++ 10 g Kokosfett ++ 30 Zuckeraugen ++ 15 rote Zuckerperlen

Außerdem: 15 Holzstäbchen

Für 15 Stück | Zubereitung **1 Std. 10 Min.** | Kühlen **45 Min.**

Pro Stück ca. **165 kcal, 2 g EW, 6 g F, 26 g KH**

1 Den Kuchen fein zerkrümeln. Die Milch und nach und nach so viel saure Sahne unter die Krümel rühren, bis die Masse gut formbar ist. Von der Masse 15 Portionen abstechen und rund formen. Die Bällchen auf einen Teller legen und 30 Min. kühlen.

2 Inzwischen aus den Brezeln mit einem Sägemesser Geweihe schneiden. Die Kuvertüre hacken und mit dem Kokosfett über dem warmen Wasserbad schmelzen. Die Holzstäbchen 1 cm tief in die Kuvertüre tauchen und in die Bällchen stecken. Nochmals 15 Min. kühlen.

3 Die Cake-Pops nacheinander in die flüssige Kuvertüre tauchen und den Überschuss abklopfen. Mit den Geweihen, Zuckeraugen und Zuckerperlen als Nasen verzieren. Trocknen lassen.

süße Glücksbringer

GLÜCKSSCHWEINCHEN

60 g weiche Butter
50 g Naturjoghurt
1 Ei (Größe M)
60 g Zucker
80 g Mehl
1 gestrichener TL Backpulver
1 gehäufter EL Kakaopulver
1 EL Rum (ersatzweise Milch)
1 EL Milch
100 g Doppelrahmfrischkäse
200 g Himbeer-Kuchenglasur (Fertigprodukt)
18 kleine Schokoplätzchen
36 Zuckeraugen
rote Zuckerherzen und -konfetti
rote Fruchtgummischnüre

Außerdem:
Springform (20 cm Ø)
18 Holzstäbchen

Für 18 Stück | Zubereitung **1 Std. 15 Min.** | Backen **20 Min.** | Kühlen **1 Std. 15 Min.**
Pro Stück **ca. 170 kcal, 2 g EW, 9 g F, 18 g KH**

1 Den Backofen auf 175° (Umluft 160°) vorheizen. Die Form mit Backpapier auslegen. Butter, Joghurt, Ei, Zucker, Mehl, Backpulver und Kakao mit dem Handrührgerät in 1 Min. zu einem weichen Teig verrühren. In der Form verstreichen und im Ofen (Mitte) 20 Min. backen. Den Kuchen herausnehmen und in ca. 30 Min. auskühlen lassen.

2 Den Kuchen fein zerkrümeln. Rum, Milch und so viel Frischkäse unterrühren, bis die Masse gut formbar ist. Von der Masse 18 Portionen abstechen, rund formen und 30 Min. kühlen.

3 Inzwischen die Glasur nach Packungsangabe erwärmen. Die Holzstäbchen 1 cm tief eintauchen und sofort in die Cake-Pops stecken. Jeweils 1 Schokoplätzchen mit einem Klecks Glasur als Schnauze ankleben. Nochmals 15 Min. kühlen.

4 Einen Cake-Pop in die flüssige Glasur tauchen und den Überschuss abklopfen. Den Cake-Pop sofort mit Zuckeraugen, Zuckerherzen (Ohren) und Zuckerkonfetti (Nasenlöcher) dekorieren. Trocknen lassen. Mit den restlichen Pops ebenso verfahren. Die fertigen Cake-Pops mit Schleifen aus Fruchtgummischnüren verzieren.

MEIN TAUSCH-TIPP

Keine Himbeer-Kuchenglasur bekommen? Dann färben Sie Vanille-Kuchenglasur mit etwas roter Lebensmittelfarbe rosa ein. Statt Zuckeraugen können Sie den Schweinchen auch mit 30 g geschmolzener Zartbitterkuvertüre Punkte als Augen aufspritzen.

CAKE-POPS

NEU EINGETROFFEN

cremige Verführer

CHEESECAKE-POPS

400 g Doppelrahmfrischkäse ++ 100 g saure Sahne ++ 75 g Zucker ++ 1 EL Vanillezucker ++ abgeriebene Schale und Saft von ½ Bio-Orange ++ 2 Eier (Größe M) ++ 1 gehäufter EL Speisestärke ++ 50 g Vollkornbutterkekse

Außerdem: Springform (20 cm Ø) ++ 20 Papierförmchen für Muffins ++ 20 Papier-Lollipop-Stiele oder Holzstäbchen

Für 20 Stück | Zubereitung **35 Min.** | Backen **1 Std.** | Kühlen **8 Std. 15 Min.**
Pro Stück ca. **115 kcal, 3 g EW, 8 g F, 7 g KH**

1 Den Backofen auf 175° (Umluft 160°) vorheizen. Boden und Rand der Springform mit Backpapier belegen. Frischkäse, saure Sahne, Zucker, Vanillezucker und Orangenschale verrühren. Eier, Speisestärke und Saft zugeben und alles zu einer sehr flüssigen Masse verrühren. Die Masse in die Form füllen und im Ofen (Mitte) ca. 1 Std. backen. Bei Bedarf mit Alufolie abdecken.

2 Den Kuchen in der Form auskühlen lassen. Mindestens 8 Std. oder über Nacht kühl stellen. Danach einen Teller mit Backpapier belegen. Aus dem Kuchen mit einem Eisportionierer oder Esslöffel 20 Portionen ausstechen, auf den Teller setzen und 5 Min. kühlen. Die Portionen rasch zu Kugeln formen und nochmals 10 Min. kühl stellen.

3 Die Butterkekse im Blitzhacker fein zerkrümeln. Alternativ die Kekse in einen Gefrierbeutel füllen, verschließen und mit dem Nudelholz fein zerdrücken. Die Cake-Pops in den Bröseln wälzen, in Papierförmchen setzen und je 1 Lollipop-Stiel hineinstecken.

blaue Fellnasen

KRÜMELMONSTER-POPS

80 g weiche Butter
80 g Mehl
1 EL Vanillepuddingpulver
1/2 TL Backpulver
60 g Zucker
1 Ei (Größe M)
50 ml Orangensaft
2 EL Milch
80 g Doppelrahmfrischkäse
50 g Kokosraspel
einige Tropfen blaue Lebensmittelfarbe
25 g Marzipanrohmasse
1 EL Puderzucker
10 kleine Schokoplätzchen mit Nonpareilles
150 g weiße Kuvertüre
10 g Kokosfett
20 g Zartbitterkuvertüre

Außerdem:
Springform (20 cm Ø)
20 Holzstäbchen

Für 20 Stück | Zubereitung **1 Std. 40 Min.** | Backen **20 Min.** | Kühlen **1 Std. 15 Min.**
Pro Stück ca. **150 kcal, 2 g EW, 10 g F, 13 KH**

1 Den Backofen auf 175° (Umluft 160°) vorheizen. Die Form mit Backpapier auslegen. Butter, Mehl, Puddingpulver, Backpulver, Zucker, Ei und Saft 1 Min. verrühren. Den Teig in der Form verstreichen. Im Ofen (Mitte) ca. 20 Min. backen. In ca. 30 Min. auskühlen lassen.

2 Den Kuchen fein zerkrümeln. Nach und nach Milch und so viel Frischkäse unter die Krümel rühren, bis die Masse gut formbar ist. Von der Masse 20 Portionen abstechen und rund formen. Die Bällchen 30 Min. kühlen.

3 Inzwischen die Kokosraspel in eine Schüssel füllen und mit Lebensmittelfarbe beträufeln. Mit einer Gabel verrühren, bis die Raspel blau gefärbt sind. Marzipan und Puderzucker verkneten. Daraus 40 Kügelchen für die Augen rollen. Die Schokoplätzchen halbieren.

4 Die weiße Kuvertüre hacken und mit dem Kokosfett schmelzen. Mit Lebensmittelfarbe vorsichtig blau einfärben. Die Holzstäbchen 1 cm tief in die Kuvertüre tauchen und in die Bällchen stecken. Nochmals 15 Min. kühlen.

5 Die Cake-Pops einzeln in die gefärbte Kuvertüre tauchen, den Überschuss abklopfen. Dann sofort mit den Kokosraspeln bestreuen, dabei ein Viertel für das Gesicht aussparen. Darauf Marzipanaugen und 1 halbiertes Schokoplätzchen als Mund anbringen. Die Lücken ebenfalls mit Kokosraspeln bestreuen. Die Cake-Pops kühl stellen. Die Zartbitterkuvertüre schmelzen, in einen Gefrierbeutel füllen und eine feine Spitze abschneiden. Pupillen auf die Augen spritzen.

MEIN DEKO-TIPP

Wer mag, kann die Krümelmonster zusätzlich noch mit Augenbrauen aus halbierten Schokotröpfchen verzieren.

fern-köstlich

ASIA-POPS

MEIN DEKO-TIPP

Vorlagen für asiatische Schriftzeichen finden Sie auf Lebensmittelpackungen oder im Internet.

250 g dunkler Tortenboden (Fertigprodukt oder selbst gemacht, s. S. 32)
50 g kandierter Ingwer in Schokolade
50 g saure Sahne
100 g Zartbitterkuvertüre
100 g weiße Kuvertüre
20 g Kokosfett
einige Tropfen rote Lebensmittelfarbe

Außerdem:
18 Fingerfoodspieße
18 Papierförmchen für Pralinen

Für 18 Stück
Zubereitung **1 Std.** | Kühlen **45 Min.**
Pro Stück ca. **130 kcal, 2 g EW, 6 g F, 17 g KH**

1 Den Kuchen fein zerkrümeln. Ingwer fein hacken und mit den Krümeln mischen. So viel saure Sahne unterrühren, bis die Masse gut formbar ist. 18 Portionen abstechen und rund formen. Die Bällchen 30 Min. kühlen.

2 Inzwischen beide Kuvertüren getrennt mit je 10 g Kokosfett im Wasserbad schmelzen. Die weiße Kuvertüre mit Lebensmittelfarbe rot einfärben. Jeweils 9 Spieße 1 cm tief in eine Kuvertüre tauchen und in die Hälfte der Bällchen stecken. Nochmals 15 Min. kühlen.

3 Eine Hälfte der Cake-Pops mit roter, die andere mit Zartbitterkuvertüre überziehen. Kopfüber in die Papierförmchen setzen und kühlen. Die restlichen Kuvertüren getrennt in Gefrierbeutel füllen, eine Spitze abschneiden und die Cake-Pops mit asiatischen Schriftzeichen verzieren.

fast eine Praline

MOZART-POPS

100 g gekühlter Nussnugat
100 g Löffelbiskuits
25 g Pistazien
100 g Marzipanrohmasse
1 EL Rosenwasser (ersatzweise Milch)
1 gehäufter EL Doppelrahmfrischkäse
150 g Zartbitterkuvertüre
10 g Kokosfett

Außerdem:
25 Holzstäbchen

Für 25 Stück | Zubereitung: **1 Std. 10 Min.** | Kühlen **1 Std.**
Pro Stück ca. **100 kcal, 2 g EW, 5 g F, 11 g KH**

1 Den Nugat in 25 Stücke schneiden und mit kalten Händen rasch zu Kugeln formen. Sollte der Nugat zu weich werden, kurz in den Kühlschrank stellen. Die Nugatkugeln 15 Min. kühlen.

2 Inzwischen Löffelbiskuits und Pistazien im Blitzhacker mahlen. Die Krümel mit Marzipan und Rosenwasser verkneten. So viel Frischkäse unterkneten, bis die Masse gut formbar ist. Von der Masse 25 Portionen abstechen. Jede Portion flach drücken, 1 Nugatkugel darauflegen, zusammenklappen und rund formen. Die Bällchen 15 Min. kühlen.

3 Inzwischen die Kuvertüre hacken und mit dem Kokosfett über dem warmen Wasserbad schmelzen. Die Holzstäbchen 1 cm tief in die Kuvertüre tauchen und in die Bällchen stecken. Die Cake-Pops dann nochmals 30 Min. kühlen.

4 Die gekühlten Cake-Pops nacheinander in die flüssige Kuvertüre tauchen, den Überschuss abklopfen und die Mozart-Pops trocknen lassen.

MEIN TIPP

Diese Cake-Pops sind etwas kleiner als gewohnt, da sie recht üppig sind. Süßschnäbel können aus den gleichen Zutaten auch 18 normal große Cake-Pops formen.

mit knackiger Hülle

CUPCAKE-POPS

300 g heller Tortenboden (Fertigprodukt oder selbst gemacht, s. S. 36) ++ 60 g weiche Butter ++ 70 g Puderzucker ++ 140 g Doppelrahmfrischkäse ++ 150 g Zartbitterkuvertüre ++ 50 g weiße Kuvertüre ++ 10 g Kokosfett ++ Zuckerstreusel

Außerdem: runde Plätzchenausstechform (2 cm Ø) ++ 18 Holzstäbchen

Für 18 Stück | Zubereitung **1 Std. 10 Min.** | Kühlen **45 Min.**

Pro Stück ca. **190 kcal, 3 g EW, 10 g F, 21 g KH**

1 Den Kuchen fein zerkrümeln. Butter, Puderzucker und Frischkäse mit dem Handrührgerät 2 Min. verrühren. Die Creme in Portionen unter die Krümel rühren, bis die Masse gut formbar ist. Von der Masse 18 Portionen abstechen und rund formen. Die Bällchen 30 Min. kühlen.

2 Beide Kuvertüren hacken und getrennt über dem warmen Wasserbad schmelzen. Das Kokosfett zur dunklen Kuvertüre geben. Die Bällchen nacheinander in die Ausstechform drücken und die überstehende Masse zu Häubchen formen. Von unten herausdrücken. Die Holzstäbchen 1 cm tief in Zartbitterkuvertüre tauchen und in die Cupcakes stecken. Wieder 15 Min. kühlen.

3 Die Cake-Pops nacheinander in Zartbitterkuvertüre tauchen, den Überschuss abklopfen und trocknen lassen. Die Häubchen in weiße Kuvertüre tauchen und mit Zuckerstreuseln verzieren.

honigsüß

FLEISSIGE BIENCHEN

250 g heller Tortenboden (Fertigprodukt oder selbst gemacht, s. S. 36)
50 g gemahlene Mandeln
1 EL Rosenwasser (ersatzweise Milch)
1 EL Honig
80 g Doppelrahmfrischkäse
150 g weiße Kuvertüre
10 g Kokosfett
einige Tropfen gelbe Lebensmittelfarbe
Mandelblättchen
blaue Zuckerkonfetti
30 g Zartbitterkuvertüre

Außerdem:
18 Holzstäbchen

Für 18 Stück | Zubereitung **1 Std. 15 Min.** | Kühlen **45 Min.**
Pro Stück ca. **145 kcal, 3 g EW, 8 g F, 17 g KH**

1 Den Kuchen fein zerkrümeln. Mandeln, Rosenwasser, Honig und nach und nach so viel Frischkäse unter die Krümel rühren, bis die Masse gut formbar ist. Von der Masse 18 Portionen abstechen und zu ovalen Bällchen formen. Die Bällchen 30 Min. kühlen.

2 Inzwischen die weiße Kuvertüre mit dem Kokosfett über dem Wasserbad schmelzen. Mit Lebensmittelfarbe gelb einfärben. Die Holzstäbchen 1 cm tief in die Kuvertüre tauchen und von unten in die Bällchen stecken. Nochmals 15 Min. kühlen.

3 Die Cake-Pops nacheinander in die gefärbte Kuvertüre tauchen, den Überschuss abklopfen und die Cake-Pops mit Mandelblättchen (Flügel) und Konfetti (Augen) dekorieren. Trocknen lassen. Währenddessen die Zartbitterkuvertüre über dem Wasserbad schmelzen. In einen Gefrierbeutel füllen und eine feine Ecke abschneiden. Die Bienchen jeweils mit Mund und Streifen verzieren, dabei die Flügel aussparen.

DAS ORIGINAL MIT GARANTIE

Unsere Garantie

Alle Informationen in diesem Ratgeber sind sorgfältig und gewissenhaft geprüft. Sollte dennoch einmal ein Fehler enthalten sein, schicken Sie uns das Buch mit dem entsprechenden Hinweis an unseren Leserservice zurück. Wir tauschen Ihnen den GU-Ratgeber gegen einen anderen zum gleichen oder ähnlichen Thema um.

Liebe Leserin und lieber Leser,

wir freuen uns, dass Sie sich für ein GU-Buch entschieden haben. Mit Ihrem Kauf setzen Sie auf die Qualität, Kompetenz und Aktualität unserer Ratgeber. Dafür sagen wir Danke! Wir wollen als führender Ratgeberverlag noch besser werden. Daher ist uns Ihre Meinung wichtig. Bitte senden Sie uns Ihre Anregungen, Ihre Kritik oder Ihr Lob zu unseren Büchern. Haben Sie Fragen oder benötigen Sie weiteren Rat zum Thema? Wir freuen uns auf Ihre Nachricht!

Wir sind für Sie da!
Montag – Donnerstag: 8.00 – 18.00 Uhr;
Freitag: 8.00 – 16.00 Uhr
Tel.: 0180-5005054*
Fax: 0180-5012054*
E-Mail:
leserservice@graefe-und-unzer.de

*(0,14 €/Min. aus dem dt. Festnetz/Mobildfunkpreise maximal 0,42 €/Min.)

P.S.: Wollen Sie noch mehr Aktuelles von GU wissen, dann abonnieren Sie doch unseren kostenlosen GU-Online-Newsletter und/oder unsere kostenlosen Kundenmagazine.

GRÄFE UND UNZER VERLAG
Leserservice
Postfach 86 03 13
81630 München

Die Autorin

Verena Erhart studierte in München Anglistik, Amerikanistik und Germanistik. Heute verbindet sie das Berufliche mit ihrem Hobby und arbeitet als Redakteurin im Bereich Kochen, Essen und Genuss. Die Leidenschaft zum Backen begleitet sie seit ihrer Kindheit. Schon damals servierte sie ihrer Familie gerne Kuchen. Später heimste sie bei Koch- und Backwettbewerben viele Preise ein und noch immer zaubert sie ausgefallene und leckere Kreationen.

Der Fotograf

Jörn Rynio zählt zu seinen Auftraggebern internationale Zeitschriften, namhafte Buchverlage und Werbeagenturen. Mit einer großen Portion Kreativität und appetitanregendem Styling setzt er Food-Spezialitäten stimmungsvoll in Szene. Tatkräftig unterstützt wird der Hamburger Fotograf von Petra Speckmann (Food) und Michaela Suchy (Requisite).

Bildnachweis

Titelfoto: EISING STUDIO · Food Photo & Video/Martina Görlach; alle anderen: Jörn Rynio, Hamburg

GRÄFE UND UNZER

Ein Unternehmen der
GANSKE VERLAGSGRUPPE

Projektleitung: Monika Bachmeier
Lektorat: Petra Teetz
Korrektorat: Mischa Gallé
Layout, Typografie und Umschlaggestaltung: independent Medien-Design, Horst Moser, München
Illustrationen Seite 6, 48 und U3: Harold Lazaro, Backyard10, München; außer S. 6 Nr. 5 und Nr. 6, U3 Nr. 1: Betti Trummer, Hamburg
Satz: Liebl Satz+Grafik, Emmering
Herstellung: Sigrid Frank
Reproduktion: Repro Ludwig, Zell am See
Druck und Bindung: Druckhaus Kaufmann, Lahr

ISBN 978-3-8338-2843-0

2. Auflage 2012

Syndication:
www.jalag-syndication.de

Die Temperaturangaben bei Gasherden variieren von Hersteller zu Hersteller. Welche Stufe Ihres Herdes der jeweils angegebenen Temperatur entspricht, entnehmen Sie bitte der Gebrauchsanweisung. Bei Elektroherden können die Backzeiten je nach Herd variieren.

Appetit auf mehr?

ISBN 978-3-8338-0686-5

ISBN 978-3-8338-0660-5

ISBN 978-3-8338-0683-4

ISBN 978-3-8338-0665-0

ISBN 978-3-8338-0670-4

ISBN 978-3-8338-1426-6

www.gu.de: Blättern Sie in unseren Büchern, entdecken Sie wertvolle Hintergrundinformationen sowie unsere Neuerscheinungen.

GU

Willkommen im Leben.

ÜBER DEN TELLERRAND

1 Kunstwerke aus Eisstielen Basteleien aus Eisstielen sind bei Kindern in den USA sehr beliebt. Aber auch Erwachsene schaffen oft beeindruckende Kunstwerke. Ob Tiere, Gebäude oder Sehenswürdigkeiten wie der Eiffelturm oder das Weiße Haus – erlaubt ist, was gefällt. Den aktuellen Weltrekord hält der Amerikaner Stephen Guman: Er baute eine Ritterburg von fast 4 Metern Höhe aus 396 000 Eisstielen.

2 Popsicles Eis am Stiel wurde durch Zufall »erfunden«. Der elfjährige Frank Epperson aus San Francisco hatte sich 1923 eine Limonade zubereitet und samt Löffel auf der Veranda vergessen. Über Nacht jedoch fiel die Temperatur drastisch. Als er am nächsten Tag den Löffel aus dem Glas zog, hielt er gefrorene Limo am Stiel in der Hand. Später verkaufte Frank Epperson das Wassereis in verschiedenen Geschmacksrichtungen. Seine Kinder tauften die Leckerei »Popsicles« – und so heißt Eis am Stiel in den USA noch heute.

3 Lollipop Men In Großbritannien und Australien kennt sie jedes Kind: die Lollipop Men und Lollipop Ladies. So werden dort die Schulweghelfer genannt, und zwar wegen der